Aprenda los secretos del marketing

del marketing

en una semana

E. Davies

D1100670

Aprenda los secretos del marketing

en una semana

E. Davies y B. Davies

Traducción de
Carmen Aguilar

PLAZA & JANES EDITORES, S.A.

Título original: *Successful Marketing*
Diseño de la portada: Parafolio

Primera edición: enero, 1995

© 1992, E. Davies y B. J. Davies
© de la traducción, Carmen Aguilar
© 1994, Plaza & Janés Editores, S. A.
Enric Granados, 86-88. 08008 Barcelona

Printed in Spain – Impreso en España

ISBN: 84-01-40155-0
Depósito legal: B. 41.466 - 1994

Fotocomposición: Lorman

Impreso en Limpergraf
Del Río, 17. Ripollet (Barcelona)

ÍNDICE

Í N D I C E

INTRODUCCIÓN

El marketing (o mercadotecnia) es un conjunto de conocimientos acerca de la relación entre una empresa y el mercado. El mercado está constituido por clientes, clientes potenciales, competidores, proveedores, canales de distribución, medios de comunicación y normativas oficiales.

Seguramente es acertado decir que el marketing apenas ha sido aceptado en las empresas. Con frecuencia, esta escasa aceptación se deba a la naturaleza misma del marketing. El concepto implícito de marketing establece un enfoque específico e incluso fundamental sobre la manera de dirigir una empresa.

Hoy vamos a ofrecer una visión de conjunto de lo que es el marketing. Esta visión se subdivide en cuatro puntos:

1. Definición de marketing (la orientación basada en el marketing)
2. ¿Por qué adoptar una orientación basada en el marketing?
3. Marketing y ventas
4. El marketing y la empresa

Estos cuatro puntos explican en términos generales por qué una empresa debe enfocar sus actividades desde el punto de vista del marketing.

Definición de marketing

«El marketing consiste en identificar y satisfacer, obteniendo beneficios, las necesidades de los clientes.»

Los beneficios de una firma, incluso su supervivencia, dependen de su capacidad para satisfacer las necesidades de sus clientes. Esta misma simplicidad hace del marketing un concepto sutil y difícil de aplicar.

El marketing consta de tres componentes:

- Identificar las necesidades
- Satisfacerlas
- Obtener beneficios

Podría decirse que hay en marcha un *proceso de ajuste*, esto es, que ha de ajustarse la capacidad de la empresa a las exigencias de sus clientes. Pero se instituya o no formalmente un proceso de ajuste, debe recordarse que para que una firma sea rentable tiene que existir alguna clase de ajuste. Algunos hombres de negocios, instintivamente, han sido capaces a lo largo de los años de desarrollar con éxito un sistema de ajuste.

Así pues, ¿de qué sirve el marketing? La respuesta reside en la naturaleza misma del entorno empresarial moderno. Las empresas se enfrentan hoy con un entorno complejo y sujeto a rápidos cambios. Una decisión equivocada o una asignación errónea de recursos pueden significar el desastre. El entorno actual de las empresas es de *alto riesgo*.

> El marketing se encarga, por tanto, de intentar reducir el riesgo, aplicando técnicas formales de manera sistemática para estimar la situación y desarrollar la respuesta que debe dar la empresa.

¿Por qué adoptar una orientación basada en el marketing?

¡Simplemente porque el marketing hace que la empresa sea más rentable!

Usted pensará: «Claro, ¿qué van a decir ellos?» Pero no tiene por qué *creernos*. Échele un vistazo a la figura 1, sacada de un importante estudio sobre el uso del marketing en el Reino Unido. Básicamente el gráfico de barras representa el desglose de la muestra (unas 1.700 empresas) según su «orientación» (es decir, cómo enfocan sus negocios) y su rentabilidad.

Marketing y rentabilidad

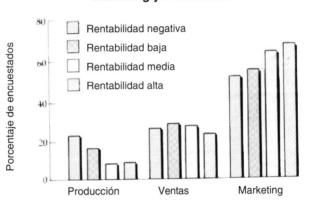

FIGURA 1. *Marketing y rentabilidad*

Advertirá que las empresas orientadas por el marketing se sitúan en la banda de alta rentabilidad. Si la orientación empresarial no tuviera efecto en la rentabilidad, cada una de las tres orientaciones presentaría la misma distribución. Esto parece sugerir que una orientación basada en el marketing incrementa la rentabilidad (mientras que la orientación basada en la producción la disminuye).

Esto es de suma importancia: el marketing tiene que ver con el más básico de los objetivos de una empresa, es decir, la rentabilidad, y merece la atención de cualquier ejecutivo interesado en mejorar su rendimiento.

Marketing y ventas

El marketing *no* es la palabra norteamericana que sustituye a la palabra venta y la venta no es lo mismo que el marketing.

La venta no es más que la parte del marketing que se ocupa de persuadir a los clientes para que adquieran el producto o el servicio que mejor armoniza las capacidades de la organización y las exigencias de sus clientes.

Si el marketing se ha hecho bien, la venta puede seguir siendo dura, pero será efectiva. En caso contrario, los vendedores intentan con frecuencia vender lo que la organización productora desea que el cliente quiera, es decir, no necesariamente lo que el cliente quiere de verdad. Este aspecto es de vital importancia, porque si bien es posible inducir al cliente a comprar determinado producto en una ocasión, para que repita la compra el producto tiene que satisfacer con precisión sus necesidades.

La venta es, pues, la *última* etapa del proceso de marketing.

Marketing y empresa

Parece haber cuatro factores que influyen en el éxito. Los investigadores han presentado estos factores como el «círculo eficaz del marketing mejor realizado», según muestra la figura 2.

FIGURA 2. *Círculo eficaz* del *marketing mejor realizado*

El «círculo eficaz del marketing mejor realizado» está constituido por cuatro elementos principales:

- *Genuina orientación de mercado*: identificación y satisfacción de las necesidades del cliente
- *Gran sensibilidad frente al entorno*: el compromiso de observar, explorar y evaluar los cambios de mercado
- *Organización flexible y adaptable*: la necesidad de evitar una estructura demasiado rígida dentro de la compañía y de establecer un mecanismo para variar esa estructura de acuerdo con los cambios del entorno
- *Desarrollo de la profesionalidad en marketing*: el compromiso de reclutar a profesionales con una buena formación en marketing y la necesidad de comprender las ventajas del reciclaje continuado

Resumen

El marketing puede ser definido como «identificación y satisfacción rentable de las necesidades del cliente». Hay tres elementos en esta definición: identificar las necesidades, satisfacerlas y hacerlas rentables.

Puede decirse que el marketing es un proceso de «ajuste»: ajustar las capacidades de la compañía a las exigencias de sus clientes. El marketing es importante para los ejecutivos, porque repercute positivamente en la rentabilidad de la empresa.

El marketing no es una palabra norteamericana que sustituye a la palabra venta. Vender es la última etapa del proceso de marketing.

Las investigaciones parecen sugerir que una empresa orientada por el marketing tiene más probabilidad de éxito debido a cuatro factores básicos:

- La empresa está *genuinamente* orientada por el marketing (no sólo de palabra sino también de hecho)
- Es sensible al entorno en el cual opera. Observa las actitudes del cliente, la acción competitiva, los cambios en la sociedad, la economía, la legislación etcétera
- Tiene una organización flexible capaz de adaptarse a las variables necesidades del mercado
- Su personal demuestra una creciente profesionalidad en marketing, emplea profesionales con formación en marketing y reconoce las ventajas del reciclaje continuado

Hoy vamos a analizar los «entresijos» del marketing. Presentaremos el proceso de decisión del marketing y consideraremos su planficación. Este capítulo estará subdividido en:

1. El proceso de decisión del marketing
2. Establecer objetivos
3. El ciclo de planificación del marketing
   3.1 SWOT *(strength, weaknesses, opportunities, threat* [puntos fuertes, puntos débiles, oportunidades, amenazas])
   3.2 Plan
   3.3 Implementación
   3.4 Control

El proceso de decisión del marketing

El marketing tiene mucho que ver con la toma de decisiones interrelacionadas. Por ejemplo: ¿A qué sector del mercado nos dirigimos? ¿Qué vamos a decir en nuestro anuncio? ¿Dónde vamos a anunciarnos? o ¿Qué precio vamos a cobrar?

Como se ve, es importante establecer una jerarquía de toma de decisiones que ponga todas las áreas de decisión en el orden adecuado; a esto le llamamos «proceso de decisión del marketing».

Se denomina proceso porque empieza por el principio, los «objetivos», y recorre sistemáticamente distintas fases hasta llegar a las «tácticas», los detalles concretos de la actividad del marketing. Puede verse en la figura 3.

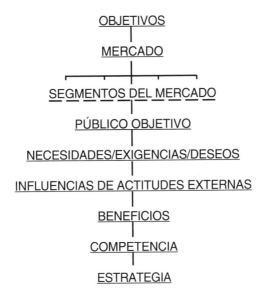

OBJETIVOS
|
MERCADO
|
SEGMENTOS DEL MERCADO
|
PÚBLICO OBJETIVO
|
NECESIDADES/EXIGENCIAS/DESEOS
|
INFLUENCIAS DE ACTITUDES EXTERNAS
|
BENEFICIOS
|
COMPETENCIA
|
ESTRATEGIA

Los componentes

LA MEZCLA DEL MARKETING

PRODUCTO
PRECIO
DISTRIBUCIÓN
PROMOCIÓN

TÁCTICAS
|
REVISIÓN

FIGURA 3. *El proceso de decisión del marketing*

Desafortunadamente muchos hombres de negocios dan por sentado que es en los detalles concretos del marketing táctico donde hay que concentrarse. Colocan con entusiasmo anuncios en toda clase de publicaciones, sin pensar en absoluto en los clientes a quienes están intentando llegar, cuáles son sus necesidades, qué tipo de mensaje puede influir en ellos o dónde es probable encontrarlos.

La propaganda en particular es la parte más lúcida del marketing, pero conviene recordar que detrás de toda campaña publicitaria con éxito tiene que haber un vasto esfuerzo previo de planificación, que recurre a los estudios de mercado, a las pruebas de marketing y a muchas otras herramientas, a fin de alcanzar ese nivel de éxito. ¡De hecho, en marketing, un anuncio efectivo es sólo la punta del iceberg!

El resto del libro sigue las etapas del proceso de decisión del marketing.

Establecer objetivos

En una empresa es necesario establecer una lista de objetivos, ya que sólo cuando éstos han sido determinados, se puede pasar a estudiar la estrategia para lograrlos. Dichos objetivos pueden ser *económicos*, por ejemplo, rendimiento de la inversión o metas de venta (por lo tanto, objetivos cuantitativos); y pueden ser *no económicos*, como un equipo de trabajo «satisfecho» (objetivos cualitativos). Los objetivos también pueden ser *defensivos*, por ejemplo, mejorar el *cash flow* (fondos generados). El desarrollo de una estrategia no tiene sentido a menos que se haga una clara definición de los objetivos: si no sabemos adónde queremos ir ¿cómo vamos a llegar?

Los objetivos deben ser trasladados a metas anuales y, por lo tanto, a planes de corto y medio plazo. Sin embargo, no es realista establecer metas sin haber estudiado fuertemente el mercado. Es evidente la importancia de que una empresa ajuste su fuerza a las oportunidades que le ofrece el mercado. El mecanismo para conseguirlo se conoce como «planificación del marketing».

La planificación del marketing puede definirse como la «toma de decisiones anticipadas».

Confucio escribió: «Si un hombre no piensa en cosas lejanas, encontrará pesadumbre al alcance de la mano.» Esta sentencia señala cuál es la razón fundamental que hace que sea necesaria: la planificación. Ésta ayuda a evitar el fracaso al obligar al ejecutivo a considerar los objetivos, su organización y el entorno empresarial.

El ciclo de planificación del marketing

La planificación puede representarse como un «ciclo» según muestra la figura 4.

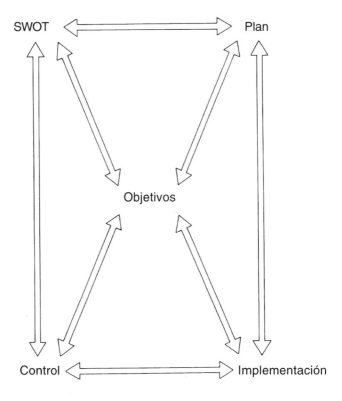

FIGURA 4. *La planificación del ciclo del marketing*

El lema es: «Trabajar la planificación y planificar el trabajo.»

Ciclo de planificación del marketing

1. SWOT
2. Plan
3. Implementación
4. Control

SWOT

Esta etapa del proceso de planificación se centra en dar respuestas a la pregunta: «¿Dónde estamos ahora?» En algunas empresas esta pregunta exigirá respuestas de amplio alcance, que residen a la larga en factores externos. Dichas respuestas de amplio alcance pueden considerar en detalle las expectativas puestas por la sociedad y el gobierno en los negocios. De modo más general las empresas suelen concluir que los dos grupos externos que deben ser estudiados son los clientes y los competidores. Estos dos grupos son fundamentales para la auditoría *externa*.

Por el contrario, la auditoría *interna* estudia los recursos con los que cuenta la empresa y proporciona sugerencias sobre sus puntos fuertes y débiles. La confrontación de los resultados de la auditoría interna con los de la externa conduce a un análisis SWOT: los puntos *fuertes* y *débiles* de la empresa y las *oportunidades* y *amenazas* de su entorno empresarial.

Completar un análisis SWOT con éxito requiere una adecuada (y eso significa una buena) base de datos. Si los datos no están disponibles, la empresa tiene que dar los pasos necesarios para conseguirlos. Dichos datos deben ser objetivos. Existen dos herramientas comúnmente usadas en el análisis SWOT.

- La auditoría de gestión (interna)
- Los estudios de mercado (externos); este tema se estudia más adelante

Una vez reunida la base de datos, es posible hacer el análisis SWOT. Una manera de ver el análisis SWOT es considerarlo como una «hoja de balance» de la planificación.

Dentro de la compañía		En el entorno	
Puntos fuertes	+	Oportunidades	+
Puntos débiles	−	Amenazas	−

FIGURA 5. *Hoja de balance de la planificación*

Ejemplos de los factores SWOT:

Puntos fuertes

- producto especial
- servicio de alto nivel
- conocimiento del mercado por parte de la dirección

Puntos débiles

- capital activo inadecuado
- escasa capacidad de dirección
- economías sin capacidad de compra

Oportunidades

- brechas en el mercado
- gustos cambiantes
- necesidades no satisfechas

Amenazas

- acción de la competencia
- legislación
- tendencias del mercado

Merece la pena recordar que una amenaza puede convertirse en oportunidad; en efecto, se ha dicho que una amenaza no es más que una oportunidad disfrazada.

Si una empresa completa su análisis SWOT como es debido, estará en una posición mucho más favorable a la hora de tomar decisiones estratégicas, porque la información reduce el riesgo en la toma de decisiones.

Plan

Muchos especialistas del marketing han estudiado las herramientas especiales que ayudan a la planificación. Es probable que el principal problema de las empresas en la dinámica de los mercados actuales sea el manejo de las carteras de productos, es decir, el balance de los productos consolidados, los productos en fase de declive y los productos nuevos. Existen dos herramientas famosas que merecen ser consideradas: la *matriz de Boston* y el *ciclo de vida del producto*.

La matriz de Boston

Tal vez la herramienta estratégica producto/mercado más ampliamente conocida sea la matriz crecimiento/cuota de mercado (o matriz de Boston) elaborada originalmente por el Boston Consulting Group, que muestra la figura 6.

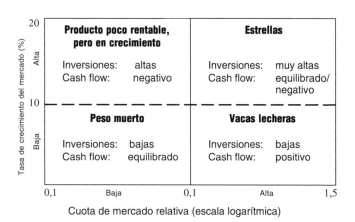

FIGURA 6. *La matriz de Boston*

Esta matriz, de apariencia simple, relaciona una serie de premisas. Los ejes de la matriz son escalas de medición de valores que muchas compañías conocen: la tasa de crecimiento de un producto en particular en valores reales (eje vertical) y la cuota de mercado relativa (eje horizontal).

La cuota de mercado relativa es una medida de la relación entre la cuota de mercado de un producto y la del líder del mercado. Una cuota relativa de 0,5 significaría que el producto de la empresa tendría la mitad de mercado de la empresa líder; una cuota de mercado de 1,5 indicaría que el producto de la empresa tendría una cuota una vez y media mayor que la del competidor más cercano. Resultados por debajo de 1,0 indican que la empresa no es la líder del mercado; de 1,0 o por encima, que es la líder del mercado.

En general, una regla empírica del marketing (apoyada por investigaciones) indica que unas altas cuotas de mercado significan mayores beneficios (a medio o largo plazo). Por lo tanto conseguir unas altas cuotas de mercado puede parecer deseable, sin embargo éstas pueden entrar en conflicto con aspectos contables a corto plazo.

Una empresa debe procurar equilibrar su cartera de productos. Necesita futuras «vacas lecheras», que pueden ser las «estrellas» de hoy. «Pesos muertos» en la cartera actual exigen decisiones enérgicas. ¿Tienen potencial para convertirse en «vacas lecheras» o deben retirarse del mercado? ¿Pueden los «productos poco rentables en crecimiento» convertirse en «estrellas»?

Es posible que existan cuatro tipos de carteras desequilibradas de productos. La tabla siguiente muestra estos tipos y los síntomas típicos que generan en la empresa.

Problemas básicos	Síntomas típicos
Demasiados pesos muertos	Cash flow inadecuado Beneficios inadecuados Crecimiento inadecuado
Demasiados productos poco rentables en crecimiento	Cash flow inadecuado Beneficios inadecuados
Demasiadas vacas lecheras	Crecimiento inadecuado Excesivo cash flow a corto plazo Escasas oportunidades de investigación/desarrollo
Demasiadas estrellas	Excesivas inversiones de dinero Excesiva demanda de control Crecimiento y beneficios inestables

Ciclo de vida de un producto

La segunda herramienta es el ciclo de vida del producto (CVP). La figura 7 muestra un ciclo de vida típico.

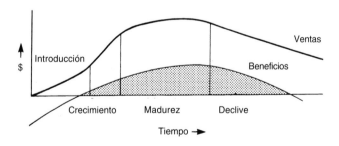

FIGURA 7. *Ciclo de vida del producto*

Las cuatro fases mostradas (introducción, crecimiento, madurez, declive) están indicadas de manera bastante arbitraria. Algunas categorías de productos estudiadas han apoyado el concepto del CVP, especialmente las de algunas marcas de alimentos. Puede ser más difícil determinar el ciclo de vida (CVP) de productos de un grupo (automóviles) que el de una marca en particular (Austin Allegro).

La idea del CVP es intuitivamente atractiva. No obstante, es posible que sea muy difícil ubicar productos/marcas en ella. En estos casos el CVP puede servir para centrar la reflexión.

La siguiente tabla indica las consecuencias más importantes del ciclo de vida de un producto:

Características de	Introducción	Crecimiento	Madurez	Declive
• Ventas	Baja	Rápido	Lenta	Declive
• Beneficios	Insignificante	Máximo	Declive	Bajo/cero
• Cash flow	Negativa	Moderado	Alta	Bajo
• Clientes	Innovadores	Adoptantes iniciales	Adoptantes tardíos	Lento
• Competidores	Pocos	En aumento	Muchos	Menos
Respuesta de la empresa				
• Enfoque estratégico	Expansión de mercado	Penetración de mercado	Defensa de su cuota	Productividad
• Inversión en marketing	Alta	Alta (% menor)	En disminución	Baja
• Énfasis en marketing	Alerta	Marca preferida	Fidelidad a la marca	Selectiva
• Precio	Alta	Moderado	Mínima	Creciente
• Producto	Básica	Perfeccionada	Diferenciada	Racionalizada

Fuente: «Las realidades del ciclo de vida de un producto», de Peter Doyle, en *Quarterly Review of Marketing* (verano 1976).

Las herramientas mencionadas son tan sólo ayudas en la labor de gestión, respecto de la manera de encauzar las opciones de planificación en la empresa. Una vez tomadas las decisiones basadas en el análisis SWOT y, si fuera apropiada, en la consideración de los puntos de vista que surgen de herramientas particulares, hay que esbozar un plan.

Es importante mantener los planes:

- Apropiado: ¿Es esto *lo que* necesito saber?
- Completo: ¿Es *todo* lo que necesito saber?
- Específico: ¿Puedo *llevar a cabo* este plan?
- Adaptables: ¿Y qué hay de los *controles* y *contingencias*?

Implementación

Para poner en práctica el plan se necesita:

- Seleccionar las variables de la operación
- Establecer límites de tiempo y plazos
- Comunicar y asignar tareas
- Desarrollar planes de venta
- Controlar el entorno relacionado con las variaciones de los supuestos de planificación
- Establecer planes de acción particulares para cada individuo
- Fijar cuotas de ventas
- Presupuestar

Control

La elección de las variables de la operación genera una serie de *datos que deben controlarse*. Las variables elegidas deben cotejarse con las cifras estimadas para apoyar las medidas adoptadas por los ejecutivos. Al mismo tiempo hay que estudiar el entorno para controlar las dificultades que escapen a los supuestos fundamentales del plan. Las técnicas que deben emplearse son afines a las del área de presupuestos: analizar las variaciones y cumplimentar acciones de rectificación.

Finalmente

Planificar es un proceso sencillo de explicar, pero extremadamente difícil de llevar a cabo. En términos generales, el plan debe entenderse como una manera de asegurar ciertas ventajas competitivas. Estudios hechos por el PIMS (Profit Impact of Marketing Strategy, impacto de beneficios de estrategia de mercado), entre más de 1.700 empresas de Estados Unidos, indican que dichas empresas adoptan un enfoque formal del marketing y superan a los competidores que en el mismo campo industrial no lo hacen. Otras investigaciones confirman que la planificación es necesaria si se quieren obtener ventajas competitivas.

La planificación es solamente un elemento más en la administración de una empresa, sin embargo se trata de un elemento vital. El plan y el proceso de planificación da cohesión, dirección y empuje a la empresa. La planificación enfocada hacia objetivos y metas fortalece la motivación *si el clima organizativo es bueno.*

Resumen

El proceso de decisión del marketing cubre una serie de áreas que deben ser tenidas en cuenta a la hora de desarrollar una estrategia de mercado. El proceso propone un enfoque «sistemático» en la elaboración de resoluciones del marketing, que comienza con la fijación de «objetivos» y valiéndose de una serie de «tácticas».

Es evidente que, al definir los objetivos de una empresa, importa ajustar los puntos fuertes de la misma a las oportunidades del mercado. Es lo que se conoce como planificación del marketing. La planificación ayuda a evitar fallos y obliga al ejecutivo a considerar los objetivos, su organización y el entorno empresarial. El ciclo de planificación tiene cuatro etapas:

- SWOT: identificar los puntos fuertes y débiles (internos de la empresa), las oportunidades y las amenazas (externas) del entorno empresarial
- Plan: trazar planes adecuados, completos y específicos
- Implementación: considerar todas las variables operacionales con respecto a cada una de las actividades del equipo, por ejemplo, objetivos de ventas, planes de acción, asignación de tareas, fechas límites, realimentación, etcétera
- Control: comparar lo «real» con lo «presupuestado», la retroalimentación de la planificación y las etapas de implementación

Es más fácil hablar de planificación que llevarla a cabo. Pero cuando los ejecutivos tienen la debida determinación se pueden desarrollar planes eficaces. Recuerde que el proceso de planificación (es decir, el que comienza con un análisis SWOT y sigue las etapas del ciclo) es más importante que los planes formales escritos, que pueden quedar obsoletos antes de ser usados.

Hoy vamos a analizar los siguientes tres elementos del proceso de decisión del marketing:

- El mercado
- Los segmentos del mercado
- Los objetivos

Volvamos a mirar el modelo (figura 3, p. 15) para refrescar la memoria.

El mercado

En primer lugar nos interesa estudiar el mercado global: su forma, conducta y peculiaridades. Es frecuente la confusión entre el conjunto del mercado y un producto particular. El conjunto del mercado es el monto total gastado para satisfacer una demanda, sin tener en cuenta los productos que la satisfagan.

Por ejemplo, el «mercado de ropa limpia». Este mercado incluirá la oferta de tres tipos básicos de productos:

- Limpieza y lavado de ropa en el hogar
- Limpieza y lavado de ropa fuera del hogar, por ejemplo, tintorerías
- Ropa desechable, por ejemplo, pañales desechables

Si tomamos el primero de estos tipos de oferta de productos (recordemos aquí que «producto» se refiere al tipo de ventaja buscada, es decir, la de un artículo o servicio) de limpieza y lavado de ropa, probablemente se descompondría en:

- Emplear a una persona que se ocupe de las tareas del hogar
- Usar aparatos que faciliten los quehaceres domésticos, por ejemplo, lavadoras, secadoras de ropa, etcétera
- Contar solamente con el trabajo de los miembros de la familia

La primera tarea es, por lo tanto, evaluar el **valor total de mercado**, es decir, el valor total económico del gasto. La segunda, verificar la naturaleza del crecimiento de la demanda.

Es necesario descubrir qué parte del mercado corresponde a cada tipo de producto y cuáles fueron las tendencias de cada uno de ellos durante los últimos, digamos, cuatro años. Si el tipo de producto que su firma produce está en declive mientras los productos de los competidores crecen, la tendencia puede significar una amenaza para el éxito de su empresa.

Segmentos del mercado

Cada mercado puede dividirse en segmentos de grupos de clientes potenciales con características similares. Para el analista del mercado, la ventaja de hacer esa división es que cada segmento tiene menos variaciones que el mercado en su totalidad. Por lo tanto podemos esperar que los clientes de un segmento tengan en general necesidades similares.

Existen tres amplias variables segmentadas:
1. Distribución geográfica
2. Distribución de clientes
3. Distribución de productos

1. La segmentación geográfica puede clasificarse según poblaciones, departamentos o países.
2. La segmentación de clientes se refiere a diferentes tipos de clientes que tienen distintas necesidades y hábitos de compra.
3. La segmentación de productos significa que diferentes productos son pertinentes para diferentes grupos de compradores o diferentes necesidades, exigencias y deseos de un grupo de clientes en distintas circunstancias.

En el ejemplo de la «ropa limpia» probablemente existan tres amplios segmentos de «clientes»:

• Domésticos: individuos/grupo familiar
• Comerciales: hoteles, bares, minoristas (uniformes)
• Industriales: fábricas (monos)

Puede haber segmentaciones ulteriores en los grupos dos y tres, según el tamaño de la operación, y en el primer grupo, según el sector socioeconómico al que la familia pertenece y probablemente también según su localización.

El público objetivo

A esta altura es necesario considerar, tan sistemáticamente como sea posible, todos los segmentos disponibles y ordenarlos en términos de su adaptación a los puntos fuertes y débiles de la empresa, y a los objetivos de gestión.

Pero es también importante considerar la posición de la competencia (véase más adelante).

La figura 8 muestra una manera conveniente de verlo.

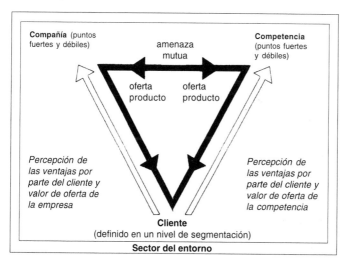

FIGURA 8. *El triángulo de las 3 Ces*

En cierto sentido el triángulo de las 3 Ces repite conceptos que ya hemos considerado tanto en el análisis SWOT como en la segmentación estratégica relacionada con él. La idea básica del triángulo de las 3 Ces es muy simple, pero hay que recordar una cuestión importante: lo obvio no es siempre fácil de tener presente.

La idea principal es que la empresa debe ser objetiva a la hora de revisar sus puntos fuertes y débiles con relación a las oportunidades que proporciona el cliente y evaluar la posición relativa de la competencia.

En pocas palabras, el marketing es un proceso de ajuste entre los puntos fuertes de la empresa y las oportunidades dadas entre los clientes, sin dejar de reconocer la posición de la competencia. En esencia esto es el triángulo de las 3 Ces.

El proceso para desarrollar la estrategia mediante el triángulo de las 3 Ces es el siguiente:

Compañía

1. Desde el punto de vista del marketing, ¿cuáles son nuestros puntos fuertes y débiles?
2. ¿Cuáles son los objetivos de la compañía? ¿Son ellos realistas dadas las oportunidades y las amenazas del mercado?

Cliente

1. ¿Perciben los clientes nuestros puntos fuertes (traducidos en ventajas) como algo que se adecua a sus necesidades?
2. ¿En determinados grupos (segmentos) de clientes, ¿existe una mayor propensión (respecto al promedio de

todos los demás consumidores) a exigir esas ventajas? Es decir, ¿son estos clientes nuestro objetivo más importante?

Competencia

1. ¿Quiénes son nuestros competidores directos? ¿Cuáles son sus perfiles, es decir, su posición económica, su estrategia de mercado, su posición en el mercado?
2. ¿Cómo perciben los clientes las ofertas de la competencia? ¿Creen que las ofertas de los competidores tienen más o menos ventajas que las nuestras con respecto a sus necesidades?

Aquí es donde el proceso de ajuste comienza.

> Es evidente la necesidad de valorar cada grupo de clientes y ordenar los segmentos de acuerdo con los puntos fuertes y débiles de nuestra empresa y los puntos fuertes y débiles de la competencia.

Una vez ordenados los segmentos según la manera en que éstos se ajusten a sus propias exigencias, a las capacidades de la empresa y a las ofertas de la competencia, la estrategia enfocada sobre aquellos segmentos que muestran una adaptación más óptima debería ofrecer la mejor promesa de éxito.

Resumen

Generalmente el punto de partida para desarrollar una estrategia de mercado es la necesidad de definir el mercado. El mercado «global» para un producto o servicio es la cantidad total sufragada con vistas a satisfacer esa necesidad, con independencia de los productos/servicios que la satisfacen. A menudo se recurre a los estudios de mercado para definir el valor total del mercado.

Es posible descomponer todos los mercados en segmentos. Los segmentos pueden definirse como subgrupos capaces de mostrar demandas similares dentro del segmento, comparadas con el conjunto del mercado.

La fijación de objetivos se relaciona con la identificación del segmento (o segmentos) que ofrece a la empresa el mejor rédito por el esfuerzo. Es decir, se trata de ajustar los puntos fuertes de la empresa a las oportunidades ofrecidas por los segmentos mientras se minimizan las amenazas planteadas por la competencia.

El miércoles consideramos un aspecto muy importante de la toma de decisiones: el proceso de identificar el mejor objetivo para nuestra empresa. En el enfoque descrito el miércoles está implícitamente contenida la disponibilidad de información objetiva sobre mercados y segmentos. Hoy vamos a describir el método adecuado para obtener dicha información: los estudios de mercado.

Estudios de mercado

Un estudio de mercado (EM) es:

«El acopio sistemático, registro y análisis de datos sobre problemas relacionados con la comercialización de bienes y servicios.»

Fuente: *American Marketing Association*

Los ejecutivos necesitan estar informados para reducir los riesgos en la toma de decisiones. Los estudios de mercado son una herramienta de la gestión; su función es proporcionar respuestas a las preguntas importantes que se plantean a los directivos en el cumplimiento de sus tareas. Si bien el riesgo nunca puede eliminarse en la toma de decisiones comerciales, sí puede reducirse mediante el uso de los estudios de mercado.

Los cinco pasos de un estudio de mercado

Un estudio de mercado puede descomponerse en cinco pasos:

1. Identificación del problema
2. Investigación secundaria
3. Investigación primaria
4. Análisis e interpretación
5. Aplicación de resultados

Paso 1

La identificación del problema es el elemento más importante de un estudio de mercado. Existe un dicho:

«Un problema bien identificado es un problema medio resuelto.»

Normalmente el problema se manifiesta por sí mismo en una serie de informaciones que «es-necesario-conocer», es decir, la información necesaria para tomar una decisión fundamentada dentro de un sector. Dada la consideración que merece este paso, es importante asegurar que la información sea pertinente y útil para resolver problemas de dirección.

Puede haber dos formas básicas de problemas:

- El problema de aprovechar una oportunidad
- Superar un obstáculo

La definición de un problema consiste en una serie de pasos:

1. Reconocer la existencia del problema
2. Examinar los síntomas
3. Definir el problema
4. Investigar el objetivo/s (o el perfil de la investigación)

Un problema se revela por la falta de información a la hora de definir los posibles datos determinantes de un tipo de acciones estratégicas, es decir, valor del mercado, tendencias, ofertas de la competencia, percepción del valor de los precios, actitud y comportamiento de los clientes, etcétera.

Paso 2

Investigación secundaria o de gabinete dedicada a repasar datos secundarios, es decir, datos recogidos por otras personas con distintos propósitos de aquellos específicamente relacionados con el problema en cuestión. Existen dos fuentes básicas:

• Interna (dentro de la misma empresa)
• Externa (organizaciones ajenas a la empresa, por ejemplo, el gobierno, instituciones académicas, autores y fuentes comerciales)

Probablemente la fuente más importante de datos secundarios sea el gobierno.

Estas fuentes pueden incluir:

- Estadísticas gubernamentales: datos del producto, tendencias del mercado, etcétera
- Datos de investigación comercial, por ejemplo, informes sobre el producto Mintel
- Datos sobre investigaciones académicas cuyas fuentes pueden encontrarse en el Consejo de Investigaciones Científicas
- Directorios: guías de las cámaras y gremios
- Informes comerciales: empresas dedicadas a la investigación y análisis de porcentajes

Las ventajas de la investigación de gabinete son:

1. La abundancia de datos que puede ahorrarle al investigador una considerable cantidad de tiempo y dinero
2. Detallada sinopsis de investigaciones que permiten definir mejor las investigaciones de campo
3. Algunas fuentes secundarias que no pueden ser reproducidas por ninguna otra organización, por ejemplo, la del censo

Las desventajas son:

1. La dificultad de evaluar el grado de precisión de los datos, es decir, cómo se recogieron, analizaron, interpretaron y presentaron
2. Los datos pueden ser muy antiguos, ya que pueden haber sido recogidos muchos años atrás y por lo tanto estar obsoletos
3. Los datos pueden no ser pertinentes para el problema que tenemos entre manos

Los datos de gabinete pueden dar a la empresa información para evaluar las oportunidades y las amenazas del mercado.

Sin embargo, con frecuencia es necesario tener más datos para:

• Contestar preguntas que no han tenido respuesta en la investigación de gabinete
• Contestar preguntas que faciliten el diseño y la cumplimentación de estrategias de mercado

Paso 3

La investigación de campo (o primaria) está relacionada con la recolección de datos obtenida directamente del mercado. La investigación de campo depende en gran medida de las estadísticas, los métodos de investigación, la psicología social y la teoría del marketing.

Existen tres áreas clave en la investigación de campo.

I. Técnicas básicas de entrevistas:*

   a) Cara a cara
   b) Telefónica
   c) Postal

a) Esta técnica implica la entrevista directa, que puede llevarse a cabo utilizando cuestionarios estructurados o semiestructurados. Es una técnica versátil y productiva, que permite al entrevistador interrogar sobre puntos concretos.

No obstante, esta interacción personal conlleva el riesgo de inducir o predisponer en sus respuestas al entrevistado.

Además es una técnica costosa, pues hay que tener en cuenta tanto el tiempo que el entrevistador invierte en ella como los gastos que la misma supone.

b) Esta técnica usa el teléfono como medio para hacer entrevistas directas. El método permite recoger con rapidez datos de una amplia zona geográfica. Los gastos son significativamente más bajos que los de la entrevista cara a cara y el entrevistador puede hacer un mayor número de entrevistas.

Sin embargo, la herramienta es sólo aplicable donde todos los posibles entrevistados (es decir, en el marco de la muestra) tengan teléfono y estén disponibles dentro del horario del investigador. Existe también el riesgo potencial de que el contacto con abonados telefónicos dé lugar a resultados susceptibles de ser «corregidos».

Asimismo, las entrevistas telefónicas son normalmente mucho más cortas que las que se realizan cara a cara y no permiten el mismo grado de flexibilidad ni oportunidad de indagación.

* Recordar que la observación es un método más para recoger información del mercado.

c) La aplicación de esta técnica se lleva a cabo mediante el envío de cuestionarios a los encuestados, que contestan las preguntas y devuelven el cuestionario al investigador.

Es la técnica más económica a la hora de recoger información. El encuestado puede completar el cuestionario cuando le resulte conveniente, por lo que sus respuestas suelen ser más precisas.

El anonimato absoluto de esta herramienta no permite la posibilidad de que el entrevistador pueda influir, especialmente en el caso de que entre en juego la posición social del entrevistado.

Sin embargo, este método tiene la gran desventaja de que el índice de respuesta sea bajo y, por lo tanto, de que haya errores por falta de respuesta. Es decir, las personas que no responden pueden estar expresando una opinión/actitud hacia el área investigada y por consiguiente las respuestas recibidas pueden estar condicionadas.

La tabla siguiente* califica las técnicas de entrevistas por sus cualidades:

	Costo	Versatilidad	Cantidad de información	Velocidad	Administración
Cara a cara	3	1	1	2	3
Telefónica	2	2	2	1	1
Postal	1	3	3	3	2

Fuente: *Estudios de mercado*, de Dodge, Fullerton y Rink, Merrill, 1982.

*Ordenada desde la más ventajosa (1) a la menos ventajosa (3).

II. Técnicas de muestreo

El muestreo significa tomar una porción de la totalidad de una «cosa» (llamada *público objetivo*) de modo que se puedan obtener estimaciones de ciertas características de la totalidad, basadas en la frecuencia de las características en la muestra.

El punto de partida es la definición del público objetivo. Por ejemplo, la lista de miembros del Royal British Institute of Architects puede proporcionar una lista completa de los miembros o sus condiciones. Este sector de población (es decir, de todos los arquitectos) se llama *muestra* o *marco de la muestra*.

La razón obvia de llevar a cabo un muestreo, en vez de recurrir a toda la población, es ahorrar costos y tiempo.

El aspecto más importante de esta técnica de selección es que la muestra debe ser representativa de la población en su totalidad. Si la población es absolutamente homogénea, es decir, si cada caso es idéntico sólo es necesario seleccionar un ítem independientemente del tamaño de la población. Por desgracia, en los estudios de mercado éste es un caso que nunca se da.

Existen dos técnicas básicas de muestreo:

- Probabilidad (muestreo aleatorio)
- Improbabilidad

En la primera, las muestras se extraen al azar, cada caso tiene las mismas probabilidades de ser seleccionado. En la segunda, el elemento azar ha sido eliminado, teniendo en cuenta los problemas que surgen de las muestras obtenidas al azar, la frecuencia de muestreos improbables, la naturaleza de la población, las áreas de investigación y los apremios presupuestarios.

Dentro de cada una de estas extensas áreas existen otros tipos de muestreo que son pertinentes en situaciones particulares de investigación.

III. Técnicas para obtener datos

La cuestión es cómo obtener la mayor cantidad de datos. Parece bastante simple. Sin embargo, existe un arte de la encuesta. El método para recoger información más utilizado por los investigadores son los formularios. Un cuestionario estandarizado recoge datos que permiten al investigador comparar las respuestas de todos los encuestados de una manera estructurada y factible de comparación.

El informador debe saber qué finalidad tienen las respuestas a cada una de las preguntas; sólo así se puede asegurar que durante la entrevista se generen los datos requeridos, es decir, las respuestas a lo que es «necesario-conocer» de cada pregunta.

El desarrollo de un buen cuestionario es un proceso *iterativo*. Es decir, ¡usted necesita confeccionarlo muchas veces y cada vez sale mejor! La experiencia es por lo tanto primordial. Pero hay dos áreas particularmente importantes:

- El contenido de las preguntas
- La estructura de las preguntas

La regla de oro respecto al contenido de las preguntas es que éstas sean directas. También vale la pena tener en cuenta los siguientes puntos:

- Usar palabras que pueda entender el encuestado
- Evitar ambigüedades
- Evitar inducir al encuestado
- Evitar presionar al encuestado
- Evitar dar a la pregunta matices innecesarios que involucren el prestigio del encuestado

La estructura de las preguntas determinan cómo va a responder el entrevistado. Existen muchas diferentes formas de estructura; algunas de las más usadas son:

- Abiertas: el encuestado puede responder a la pregunta con sus propias palabras
- Alternativas, por ejemplo, sí/no
- Varias posibilidades: se le da al encuestado distintas opciones e incluso se le puede pedir que él mismo añada otras a la lista, si considera que ésta está incompleta
- Escalas: se usan con frecuencia en la investigación de actitudes. Se basan en el principio de «acuerdo-desacuerdo». Posiblemente la escala más popular es la del diferencial semántico. La escala representa una serie de categorías cuyos extremos se definen en términos de adjetivos opuestos, por ejemplo, fuerte-débil

Paso 4

Una vez recogidos los datos, es necesario analizarlos a fin de que sean útiles desde el punto de vista de los objetivos de la investigación. Cada fase del proceso de investigación es interdependiente, así pues el método de análisis debe determinarse antes de iniciar el trabajo de campo.

Hay un extenso número de técnicas estadísticas con que pueden analizarse los datos. Existen también varios programas informáticos disponibles que posibilitan el análisis de datos con *mainframe* (grandes ordenadores) o con microordenadores. Uno de los programas más potentes para microordenadores es el Paquete Estadístico para Sociólogos PC (SPSS-PC), especialmente recomendado para aplicaciones que requieran algo más que un simple tratamiento de datos.

Es de suma importancia apreciar adecuadamente lo que puede deducirse de una prueba en particular. La regla de oro es la de hacer el análisis lo más sencillo posible. Los porcentajes son datos valiosos así como también lo son las simples tabulaciones cruzadas, ya que en estas últimas si se coloca, por ejemplo, la variable «actitud» frente a la de «edad», puede comprobarse si existe alguna diferencia de postura basada en la edad de los encuestados.

Paso 5

Si la empresa ha de cosechar beneficios de la investigación es esencial que la información se use y no limitarse a archivarla. La investigación es, en cierto modo, un factor de cambio, que puede conducir a la revisión de las tácticas o, en un nivel más importante, a un cambio en la estrategia de la empresa. Volvamos a la figura 2: una elevada sensibilidad frente al entorno debe jugar con una mayor flexibilidad de organización. En otras palabras, es necesario aceptar que la empresa debe cambiar como respuesta al cambio del entorno.

Resumen

Tan importante como definir el mercado, la segmentación y la fijación de objetivos es la necesidad de recabar información a fin de reducir los riesgos en la toma de decisiones. La herramienta que genera esta información es el estudio de mercado, que ha sido definido como el «acopio sistemático, registro y análisis de datos sobre problemas relacionados con el marketing de bienes y servicios». Existen cinco pasos:

- La identificación del problema
- La investigación secundaria (publicaciones de otras fuentes)
- La investigación primaria (uso de cuestionarios, muestreos, etcétera)
- El análisis y la interpretación (con la ayuda de programas estadísticos informáticos, etcétera)
- La utilización de resultados: introducción de la información en el proceso de decisión de marketing

Hoy vamos a ocuparnos de las necesidades, exigencias y deseos del cliente; de cómo influyen los factores externos en las decisiones; de la importancia que tienen las ventajas del producto, y de la manera de entender a la competencia.

Necesidades, exigencias y deseos del cliente

Hemos estudiado ya la manera de identificar las necesidades de grupos elegidos, pero ahora la trataremos en un contexto más amplio. Todas las compras están impulsadas por *motivaciones*. Existen cinco amplios niveles de motivación sugerida, según los define Maslow:

Nivel	Ejemplo
Fisiológico	tener hambre
Seguridad	evitar peligros
Amor	dar y recibir
Estima	ser respetado
Autoactualización	ser dueño de sí mismo

Cada individuo tiene un conjunto de *actitudes* que influyen en cómo se manifiestan diversas motivaciones. En parte son la imagen que el individuo tiene de sí mismo.

¡Si *suena* complicado es porque *es* complicado! Varias escuelas de marketing se han dedicado a desarrollar modelos sobre el comportamiento del consumidor. Sin embargo, en el presente libro nos interesa especialmente aquello que el cliente necesita respecto de los aspectos y características de un producto, es decir, sus ventajas.

Podemos imaginar que el mercado doméstico de secadoras centrífugas de ropa (con salida de aire, tamaño grande) tendría los siguientes requisitos:

- Capacidad
- Eficacia (tiempo de secado, uniformidad de secado, terminación libre de arrugas)
- Seguridad
- Indicadores y controles
- Facilidad de uso (por ejemplo, que el tubo de ventilación sea fácil de limpiar)
- Seguridad para los niños (es decir, estabilidad del equipo)
- Diseño estético

Pero los investigadores deberían verificar esta lista, modificarla según sea necesario y examinar los requisitos que hay en ella a fin de determinar cuáles son los más importantes. Si conocemos esa información, podemos desarrollar las prestaciones que más se ajusten a las necesidades de los consumidores.

Influencias externas en la actitud de los consumidores

Cuando un individuo decide comprar está influenciado por las opiniones y actitudes de otros. Esos otros pueden ser parte de la «unidad» de compra, por ejemplo, en el caso de la familia pueden ser su esposa, padres o hijos; en el caso de una empresa, sus colegas, superiores o subordinados.

La influencia también puede proceder de fuera de la unidad de compra. En muchas situaciones de compra las opiniones de «personas significativas» tienen un notable efecto a la hora de decidir el producto que se adquiere. Es frecuente que los amigos influyan en su decisión (por ejemplo, en la compra de una lavadora).

Cuando se piensa en adquirir una lavadora, el comprador puede pedir la opinión de un compañero, de amigos y probablemente también se dejará aconsejar por el distribuidor local o el departamento de aparatos eléctricos de la tienda de la localidad. Asimismo él o ella pueden consultar revistas especializadas. La importancia de la influencia de actitudes externas depende de la personalidad del vendedor y de la del consumidor.

Por ejemplo, cuando el señor y la señora Pérez compran una lavadora pueden estar muy influenciados por sus amigos, el señor y la señora García. Es posible que los señores Pérez aprecien las opiniones de los García de manera tal que éstas afecten en su decisión de compra.

Las influencias externas en la actitud de los consumidores es un tema muy importante en la comercialización de bienes y servicios. Es posible que el ejemplo que mejor ilustra este hecho sea la venta personal. Si usted como vendedor presupone de qué manera se va a conducir su presunto comprador, puede incrementar las probabilidades de hacer una venta exitosa. Esto significa identificar quién es la persona que decide y ofrecer las prestaciones apropiadas a las necesidades de ese consumidor.

Ventajas para los consumidores

El consumidor tiene necesidades que también han sido alimentadas por otras personas. En términos generales, la mayoría de los compradores desarrolla una jerarquía de necesidades ordenada desde «lo más importante» a «lo menos importante». Por ejemplo, para un grupo de compradores, un diseño estético será más importante que el funcionamiento. Es evidente que el vendedor debe tener productos ventajosos que satisfagan esas necesidades y debe asegurarse de que la importancia relativa de dichas necesidades sean tomadas en consideración en el desarrollo de la estrategia.

Un anuncio que enumera las características del producto sin intentar relacionarlas con la satisfacción de las necesidades que puede percibir el consumidor, no será, probablemente, un anuncio efectivo, ya que no está persuadiendo al consumidor de que el producto satisface sus necesidades.

Cada individuo desarrolla una manera genuina de valorar los productos. Los consumidores se dan cuenta de que un producto tiene más valor que otro por varias razones. «Buen precio» puede definirse como el conjunto de ventajas relacionadas con una serie de necesidades que pueden comprarse a menor coste. Por ejemplo, si se tiene en cuenta que todas las características de los otros productos son iguales, el precio es la única variable. Sin embargo, en la mayor parte de los casos, las otras características de los productos que se comparan son distintas. En estos casos el precio del producto puede variar dramáticamente y distintos consumidores pueden percibir diferentes productos como de mayor «valor» aunque los precios sean muy distintos.

Para complicar las cosas más aún, las ventajas pueden subdividirse en:

- Ventajas tangibles
- Ventajas intangibles

Las ventajas tangibles son aquellas que los consumidores pueden percibir directamente por sus sentidos; las ventajas intangibles son aquellas sensaciones, ideas... que el comprador tiene hacia el producto y que pueden surgir de diferentes fuentes. Cuando el consumidor evalúa el conjunto de ventajas de un producto, puede tomar decisiones teniendo en cuenta su *valor*. En otras palabras, el consumidor puede sacrificar ventajas o coste.

El abanico de precios de los automóviles tal vez varíe entre 1.000.000 y 10.000.000 de pesetas. Parece imposible que puedan venderse automóviles de más de 10.000.000 de pesetas, pero se venden porque hay quienes los compran convencidos de que valen esa cantidad de dinero. Por lo tanto las ventajas de ese automóvil satisfacen las necesidades de ese comprador. Podemos entender que, cuanto más caro es un vehículo, éste se fabrica, equipa y termina de acuerdo con las más estrictas normas tangibles y probablemente proporciona al comprador las mayores ventajas intangibles; tal vez su necesidad más importante sea su autoactualización y estima.

Es razonable decir que «usted obtiene lo que usted paga»; de hecho los consumidores suscriben en general esta opinión.

Sus clientes y la competencia

Muy pocas empresas tienen un monopolio. Y aunque hay empresas que ostentan el monopolio de un producto o servicio en particular, existe normalmente un modo alternativo de satisfacer esa misma necesidad. Por ejemplo, los ferrocarriles de Gran Bretaña tienen la ventaja de monopolizar el servicio ferroviario. Sin embargo, autobuses, aviones y automóviles privados ofrecen modos alternativos para satisfacer la necesidad básica de transporte. De manera que todos ellos compiten entre sí y, en contra de la opinión pública, ello no es motivo que deba asustarnos.

El marketing comienza a estudiar la competencia y a usar esa información de manera positiva. La clave es desarrollar *ventajas diferenciales* sobre el que compite contra ti, que se refieren a las necesidades de su mercado objetivo. Para lograrlo es necesario:

- Decidir quiénes son sus competidores (locales, nacionales o internacionales)
- Recoger toda la información posible, como pueden ser avisos, folletos, listas de precios, material publicitario gráfico y, si estuviera en su mano, balances publicados

Las exposiciones suelen ser el lugar adecuado para obtener esa información.

Luego la dirección de la empresa debe evaluar los puntos fuertes y débiles de cada competidor en función de la demanda no satisfecha de las necesidades observadas en el público objetivo. Un método conveniente para conseguirlo aparece en la siguiente tabla, que compara tres secadoras de ropa:

Características del producto	Peso (o importancia relativa)	Marca A		Marca B		Marca C	
		Puntos	% ponderado	Puntos	% ponderado	Puntos	% ponderado
Capacidad	7	6	42	7	49	6	42
Rendimiento	6	8	48	4	24	2	12
Fiabilidad	8	4	32	9	72	2	16
Reguladores y controles	5	9	45	4	20	4	20
Facilidad de uso	3	9	27	2	6	7	21
			194		172		111

La tabla compara cinco características de tres productos (marcas A, B y C). El ejemplo sugiere que una determinada audiencia ha evaluado las características que se señalan en la tabla en una escala del 1 al 10 (1 = la menos importante, 10 = la más importante), según la importancia que esas prestaciones tienen para los encuestados.

El siguiente paso es conseguir que los mismos encuestados puntúen *cada* marca por sus características, es decir, desde mala = 1, a excelente = 10.

Si se multiplica la calificación por el peso de la importancia asignada tenemos el peso ponderado de cada marca. La suma de la puntuación de las características nos da la calificación total.

En este ejemplo parece que, según la apreciación de los encuestados, la marca A es el mejor producto. El gerente responsable de la marca B puede mejorar su calificación total aumentando la puntuación de la característica «rendimientos» (de 4 a 8).

Esto plantea dos cuestiones:

- Si físicamente el producto es inferior a la marca A en esa característica, se deben dar los pasos necesarios para corregirla
- Sin embargo, si los productos son en general similares en esa característica, será necesario revisar la estrategia de promoción para modificar el concepto que el público tiene del producto

Usted verá que la cuestión está directamente relacionada con el problema de determinar cuáles son los «objetivos», según ilustra la figura 8 (p. 33) que consideramos el miércoles.

Resumen

Los consumidores perciben que necesitan un producto o un servicio y esta percepción es mucho más vehemente según los motivos y la personalidad del consumidor.

Es frecuente que los consumidores hayan jerarquizado sus necesidades, es decir, que hayan hecho un listado de lo más importante a lo menos importante. Los vendedores deben entender esa jerarquización de modo que las prestaciones se ajusten a las necesidades del cliente.

La decisión de comprar puede tomarla más de una persona, por ejemplo, el marido y la esposa; pero las personas pueden también estar influenciadas por opiniones de gente «significativa».

Es importante distinguir entre las *características* y las *prestaciones* del producto. Las características de un producto ofrecen prestaciones que se pueden ajustar a las necesidades.

Tanto los productos como los servicios tienen distintos niveles de ventajas tangibles e intangibles. Las ventajas intangibles como sentimientos de exclusividad y demás son en numerosas ocasiones mucho más importantes que las ventajas tangibles.

Cuando los consumidores evalúan las diferentes ofertas, hacen juicios de valor, es decir, consideran el conjunto de ventajas que ofrece cada producto o servicio comparándolo con las necesidades que ellos intuyen; y estiman los valores según cómo éstos se ajustan a sus necesidades dentro de una determinada relación precio-prestaciones/costo de transacción.

La competencia es un hecho de la vida. Es esencial que las actividades competitivas se controlen, y se observe de cerca cómo perciben los consumidores nuestra empresa y la de la competencia.

Esbozar la estrategia de mercado: introducción

Es éste un buen momento para recapitular. Ha descubierto usted la importancia de considerar los objetivos de la empresa, la naturaleza del mercado y sus segmentos.

También ha descubierto que las necesidades y actitudes de los segmentos deben ser evaluadas con relación a los puntos fuertes y débiles de la competencia.

¡Podríamos haber desarrollado una estrategia sin seguir esos pasos, pero las posibilidades de fracasar habrían sido probablemente mayores! Es aquí donde entra el proceso de comparar y valorar la información para reducir los riesgos en la toma de decisiones. Pero todavía no tenemos una estrategia, de modo que para comenzar, ¿qué es una estrategia de mercado?

La estrategia de mercado es un plan que usa varias herramientas de marketing para lograr sus objetivos en determinada situación de mercado, es decir, es un cometido que la empresa tendrá que asumir en el futuro.

La esencia de una estrategia de mercado puede dividirse en cuatro áreas, conocidas como la mezcla de marketing:

- Producto
- Precio
- Distribución
- Promoción

Todas las estrategias contienen estos cuatro elementos juntos, pero mezclados de manera diferente. Este capítulo tratará cada elemento de la mezcla de marketing por separado.

Producto

La preocupación más importante de una empresa es desarrollar una estrategia de producto viable. Casi todas las decisiones tomadas por la empresa –y también la formulación de todas las demás estrategias– están principalmente influidas por las decisiones con respecto al producto. Éstas pueden ser:

- La naturaleza física del producto: su estilo, color, materiales, etcétera, o sus dimensiones, capacidad y rendimiento
- La amplitud de la gama del producto, es decir, el número de diferentes productos que se van a fabricar, por ejemplo, secadoras centrífugas de aire, tipo de condensador, etcétera
- La variedad de la gama, es decir, cuántos tamaños distintos o versiones de un mismo producto se ofrecerán; por ejemplo, tamaño normal o compacto

No debe olvidarse que los productos son paquetes de prestaciones, no una simple colección de características tangibles del producto.

Precio

Hemos tratado ya el concepto del valor percibido. A continuación ofrecemos una lista de verificación sencilla para fijar precios:

- ¿Qué precios ha fijado la competencia para productos similares?
- ¿Tienen una estructura de descuentos?
- ¿Perciben los consumidores que nuestro producto ofrece una mejor solución para sus necesidades? Si es así, ¿podemos saber cuánto más lo valoran y, por lo tanto, hasta qué cantidad pagarían por él?
- ¿Cuál es el costo total variable de fabricación del producto?
- ¿Cuál sería el costo total en distintos niveles de producción?

Nuevamente podemos ver el proceso de ajuste. No tiene sentido vender un producto a un precio que el consumidor sabe que es bueno si el costo total es superior.

Esta cuestión puede ser representada gráficamente:

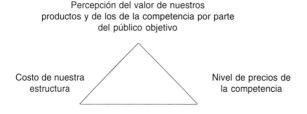

Percepción del valor de nuestros productos y de los de la competencia por parte del público objetivo

Costo de nuestra estructura

Nivel de precios de la competencia

FIGURA 9. *Triángulo de los precios*

Si el público objetivo sabe que nuestros productos son en general similares en valor a los de la competencia, el proceso se convierte en un asunto delicado. En otras palabras, no podemos diferenciar nuestros productos de los otros en cuanto calidad, por ejemplo.

Del mismo modo, si un competidor fija un precio de 2.000 pesetas y nuestro costo *variable* es también de 2.000 pesetas, no podemos entrar en ese mercado en esas condiciones. Evidentemente tendríamos pérdidas en cada producto que vendiéramos.

Distribución

Existe una clara diferencia entre la distribución física —entrega de productos al consumidor— y la selección estratégica de *canales* de distribución para poner el producto/servicio al alcance del mercado objetivo. En este apartado analizaremos este último punto.

Los canales de distribución afectan las relaciones entre el productor, el *intermediario* y el consumidor. En algunos mercados la distribución es directa, es decir, no existe intermediario. El productor vende directamente al consumidor. Recientes actividades en muchos mercados de consumidores han demostrado el crecimiento del marketing directo por medio de anuncios de prensa, venta directa por correo y anuncios televisivos de venta directa.

El canal elegido por una empresa tiene un importante efecto en otros elementos de la mezcla de marketing. La línea de productos, el precio y el tipo de promoción elegido dependen mucho de la clase de canal de distribución seleccionada. Así se explica la interdependencia de las decisiones estratégicas del marketing.

Existen cinco factores que deben considerarse cuando se decide qué canal adoptar:

- La envergadura y la distribución del mercado de consumidores tiene mucho peso. Por ejemplo, si el mercado objetivo está concentrado en relativamente pocos compradores dentro de un área geográfica limitada, los canales pueden ser reducidos (pocos intermediarios entre el productor y el consumidor)

- Las características del producto influyen en la selección de los canales. Factores como las condiciones especiales de un producto perecedero, el ensamblaje complejo, la estacionalidad, etcétera, influyen en la manera de distribuir el producto

- Debe considerarse la naturaleza de los canales ya existentes. Algunos mayoristas y minoristas se especializan en gamas particulares de productos pertenecientes a determinados mercados objetivos. Con bastante frecuencia una pequeña proporción del mercado (por ejemplo el 20 %) representa una gran proporción (por ejemplo, el 80 %) de las ventas. Es por lo tanto importante identificar qué intermediarios cubren mejor su mercado objetivo

- Debe tenerse en cuenta la actividad de la competencia. Hay quienes están empeñados en tener sus productos exactamente en el mismo «punto de venta» que sus competidores. Otros optan por elegir canales paralelos a ellos, por ejemplo, dirigir su actividad de marketing a través de la prensa en general como una estrategia alternativa de distribución a la venta tradicional a través de minoristas

- La posición de la empresa y sus recursos son de capital importancia en la selección de los canales de distribución. La envergadura de la actividad, la posición de la empresa en su curva de crecimiento dictan los parámetros de esas decisiones. No tiene sentido considerar una estrategia de distribución internacional si la capacidad de fabricación de la empresa está obviamente por debajo de la demanda local

La figura 10 muestra un ejemplo posible de distribución de secadoras centrífugas:

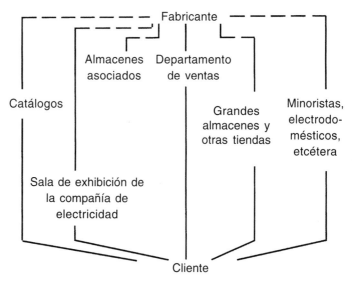

FIGURA 10. *Canales de distribución de secadoras centrífugas*

Sin duda sería útil conocer la participación que tienen en el mercado cada uno de los canales y las tendencias de todos ellos en los últimos años. Por ejemplo, las respuestas directas pueden ser de escasa importancia en la participación del mercado, pero si crecieran rápidamente, deberían ser fuertemente consideradas.

También conviene saber cuántos intermediarios están involucrados en cada canal. Probablemente habrá menos en el canal de un gran almacén que en los canales de venta de minoristas independientes. Esto puede significar dos cosas:

- Pocos clientes tendrían un nivel alto de compra y, por lo tanto, si se apunta el objetivo en los grandes almacenes el esfuerzo realizado se vería compensado por un mayor rendimiento
- Pero esa capacidad de compra haría a los grandes almacenes particularmente fuertes

Promoción

Todo el mundo sabe cómo promocionar un producto. ¡Basta simplemente con colocar anuncios y esperar a que las demandas entren a raudales! Ojalá fuera tan simple. En este apartado examinaremos cinco aspectos de las estrategias de promoción:

- Fijar los objetivos promocionales
- Identificar el público objetivo
- Diseñar el mensaje
- Seleccionar los medios de comunicación
- Evaluar

Fijar los objetivos de la promoción

La finalidad de la estrategia de promoción es llevar al comprador potencial del desconocimiento a la acción de compra.

Russell Colley describe el «espectro de comunicación del marketing» del siguiente modo:

Desconocimiento
|
Conocimiento
|
Comprensión
|
Convicción
|
Acción

A partir de ahí los objetivos de la promoción deben estar dirigidos a conducir al público objetivo del «desconocimiento» a la «acción», es decir, al momento en que el cliente compra el producto o el servicio.

Identificar el público objetivo

Si la estrategia de mercado se desarrolla tal como hemos descrito, la empresa tendrá una idea razonable de quiénes pueden ser sus clientes potenciales. En esencia, la empresa ya ha tomado una decisión sobre en qué segmento o segmentos debe centrarse y tener en cuenta la opinión que los clientes tienen de la empresa y de la competencia. La empresa habrá «colocado» su producto.

Cuanto más sepamos sobre el público objetivo, más fácil será desarrollar una estrategia de promoción, porque el conocimiento de los siguientes factores ayuda a diseñar las respuestas apropiadas:

- Características del público objetivo
- Jerarquización de sus necesidades
- Posición dentro del espectro de comunicación del marketing: «¿Nos conocen?»
- Hábitos de lectura
- Otros factores externos que influyen en sus actitudes

Diseñar el mensaje

El mensaje es un aviso compuesto por palabras, figuras y sonidos que pugnan en conjunto por impartir una o más ideas, con frecuencia mediante el uso de *símbolos*.

Los mensajes pueden clasificarse como «neutrales» o «persuasivos».

Un mensaje *neutral* es directo o argumentativo (es decir, desarrolla cada uno de los puntos de su argumentación) y tiende a concentrarse en impartir información. El tono es ameno, conciso y el contenido debe ser claro y acabado. La acción que se requiere del público tiene fecha fija (por ejemplo, «la liquidación comienza el lunes, termina el viernes») y se tiene la oportunidad de dar más información (por ejemplo, número de teléfono y/o dirección).

Los mensajes *persuasivos* suelen usar lo que se conoce por AIDA (atención, interés, deseo, acción) procurando movilizar al público haciendo uso de esos cuatro elementos.

Este tipo de mensajes suelen utilizar elementos creativos impactantes y recurren a imágenes que tratan de comparar las ventajas con las necesidades percibidas.

Esta propuesta puede llevarse a cabo en cualquier medio: anuncios, correo directo, etcétera.

Seleccionar los medios de comunicación

Existen por supuesto muchas maneras de acercarnos a nuestro público objetivo. La selección del medio de comunicación trata de identificar aquellos que *mejor* nos permitan alcanzar nuestro público objetivo. Las preguntas clave son:

- ¿A quién alcanzan los medios de comunicación?
- ¿Cuántas personas recibirán el mensaje?
- ¿Cuál es su coste por cada 1.000 personas?

Existe un amplio abanico de medios de comunicación disponibles, algunos de los cuales se especifican a continuación:

Periódicos nacionales	Audiencia amplia y general que puede ser definida según niveles socioeconómicos.
Periódicos regionales	Audiencias menores, pero más específicas en determinado nivel geográfico.
Televisión	Audiencia amplia y variable según la hora.

Radio (local)	Mercado definido, «audiencia compuesta por aquellas personas que se trasladan de casa al trabajo» y en general audiencia «hogareña».
Correo directo	Específicamente centrado y que, por lo tanto, ofrece la oportunidad de dar un mensaje determinado a un grupo específico de personas. No siempre se realiza con minuciosidad, y por ello corre el riesgo de provocar «náusea de saturación».
Venta por teléfono	Potente herramienta de comercio-a-comercio, usada también para vender artículos de consumo perecederos, especialmente congelados. Es algo así como un paso intermedio entre la venta por correo y la venta personal.
Venta personal	Probablemente el método más efectivo (pero el más caro) de promoción. La venta personal brinda la oportunidad de hacer preguntas y exponer las ventajas *específicas* del producto a determinado cliente. En el caso de que existan muchos productos, de un mismo campo industrial, la venta personal es esencial para culminar el proceso, es decir la acción. Un ejemplo clásico es la venta de automóviles.

| Relaciones públicas | Existe una planificación e implementación detallada para establecer y mantener el entendimiento entre la organización y su público. |

Evaluar

Sin duda el resultado más importante de la promoción es la venta. No obstante, el nexo entre la promoción (en particular la propaganda) y las ventas es muy débil y complicado, y requiere demasiado tiempo, con lo que es difícil calibrar su impacto directo. La mejor manera de medir su efectividad es realizar un estudio de mercado en las etapas previas (antes de la campaña) y *a posteriori* (después de la campaña) para cuantificar un cambio de actitud en beneficio del grupo objetivo imputable a una actividad particular de promoción.

Resumen

La estrategia de mercado es un plan que usa varias herramientas de marketing para conseguir sus objetivos en una situación dada de mercado. Existen cuatro áreas principales conocidas como la *mezcla de marketing*:

| Producto | Se refiere a la naturaleza física del producto, su diseño, características, funcionamiento, etcétera. |

Precio	Fijar precios es una práctica separada del cálculo de costos. Los precios deben determinarse de acuerdo con lo que puede pagar el cliente: tasación de valor del producto. Al hacerlo es necesario tener en cuenta la acción de la competencia.
Distribución	Se refiere a la selección de los canales de distribución, es decir, a las distintas maneras de poner los productos a disposición del público objetivo.
Promoción	Promocionar un producto significa *informar* y *persuadir* a los clientes para que lo adquieran. Antes de comprar los clientes recorren una serie de etapas (desconocimiento, conocimiento, etcétera) y los vendedores deben fijar objetivos y estrategias de promoción para lograr «mover» al público en ese recorrido. Los medios de comunicación necesarios para hacer llegar esos mensajes deben ser seleccionados teniendo en cuenta su alcance y sus niveles de eficiencia en las distintas etapas de sus actitudes.

Revisión

Recuerde que vivimos en un mundo dinámico. La tecnología ofrece nuevas soluciones a las necesidades tradicionales y el ritmo del cambio nunca ha sido tan rápido en la historia de la humanidad.

Es evidente que la estrategia de mercado necesita ser revisada regularmente. Los presupuestos y los planes ayudan a controlar el funcionamiento de la empresa, pero también necesitamos observar las tendencias externas que se dan en el mercado, la economía y la sociedad en general.

Un riesgo importante del marketing es el de perderse en las tácticas de un plan y, en ocasiones, perder el rumbo. Realizar revisiones periódicas ayuda a evitar caer en esa trampa.

Merece la pena volver a examinar nuestros objetivos:

- ¿Son ahora útiles para el estado de la empresa?
- ¿Están cambiando los mercados y sus segmentos, de manera tal que será necesario hacer un cambio en la estrategia de la empresa?

El marketing es en gran medida la aplicación del sentido común potenciado por ciertas técnicas y conocimientos, tomados de otras disciplinas.

La clave es recordar que nuestros clientes deciden si sobrevivimos o no. No tenemos ningún derecho sobre su dinero, debemos ganárnoslo. La tarea del marketing es ajustar las habilidades y los conocimientos de la empresa a las necesidades y las exigencias del mercado.

Su lista de verificación

La lista de verificación se basa en el proceso de decisión del marketing (véase figura 3, p. 15) y está diseñada para ayudar a aplicar estos conceptos en sus negocios. Los pasos han sido ordenados para seguir un flujo lógico y usted podrá observar que están interrelacionados.

- ¿Cuáles son nuestros objetivos con respecto a la empresa?
- ¿Cómo nos podemos expresar en términos cualitativos y cuantitativos?
- ¿Cuáles son nuestros puntos fuertes y débiles?
- ¿Cuáles son nuestras metas de marketing?
- ¿Cuál es la naturaleza de nuestro mercado (tamaño, tendencias, etcétera)?
- ¿Cómo podemos segmentar el mercado?
- ¿Quiénes son nuestros competidores y cuáles son sus puntos fuertes y débiles?
- ¿Cuáles son las necesidades de los distintos segmentos y cómo perciben las ventajas de nuestros productos?
- ¿Cómo se perciben las ventajas de los productos de nuestros competidores?
- Teniendo en cuenta las oportunidades y las amenazas del mercado, ¿son nuestros objetivos de marketing realistas?
- ¿Qué segmento se ajusta mejor a nuestros puntos fuertes y a las necesidades que hemos percibido en él? Es decir, ¿cuál/es es/son nuestro/s objetivo/s?

- ¿Qué ventajas tangibles e intangibles necesita tener nuestro producto para que se lo considere poseedor de una ventaja significativa con respecto a nuestra competencia?
- ¿Cuál es el objetivo del segmento en la percepción del valor? Es decir, ¿qué paquete de ventajas se aproxima más a sus necesidades al mejor precio? ¿Cómo fijaremos el precio para garantizar el porcentaje de beneficios? El precio, la tasación del valor, ¿es el correcto para ese público objetivo?
- ¿Cuáles son los canales de distribución corrientes para ese segmento?
- ¿Cuál es la tendencia en la participación de los canales de distribución del mercado?
- ¿Dónde debemos colocar nuestro producto para obtener el máximo efecto, es decir, maximizar nuestros puntos fuertes y minimizar los de nuestros competidores?
- ¿Cuál es la reacción del público objetivo ante los mensajes de los medios de comunicación, visitas a exposiciones, correo directo, etcétera?
- ¿En qué parte del espectro de comunicación creemos que está la mayoría de nuestro público?
- ¿Cuál será el tema de nuestro mensaje? ¿Neutral, persuasivo o una combinación de ambos?
- ¿Cómo concretaremos nuestro mensaje, es decir, el uso de textos e imágenes, los formatos para distintos medios, etcétera?
- ¿Qué medio de comunicación llega a nuestro público objetivo?

- ¿Qué medio ofrece el máximo alcance al mínimo costo?
- ¿Cuándo debemos programar promociones?
- ¿Cómo controlaremos el resultado de nuestras promociones (estudios previos y posteriores de actitudes)?
- ¿Cómo vamos a medir el efecto general de nuestra estrategia de mercado (de cada combinación de elementos del marketing). ¿Optaremos por un análisis interno de ventas y beneficios? ¿Investigaremos las reacciones y comportamientos de nuestros clientes o el funcionamiento de la competencia?
- ¿Cómo aseguraremos que nuestro plan se actualice para reflejar los cambios del entorno empresarial?

Resumen

El mundo es un espacio dinámico y la velocidad del cambio aumenta: es esencial que la empresa tenga una «sensibilidad creciente ante las condiciones externas» para detectar las nuevas posibilidades y retos. Pero es posible que sea más importante que las empresas estén *genuinamente orientadas por el marketing* y preparadas para adaptarse a las nuevas exigencias. Es más probable que fracasen las que no lo hagan.

OTROS TÍTULOS
EN ESTA COLECCIÓN

Aprenda a hablar
en público

MALCOLM PEEL *en una semana*

Si sigue paso a paso el procedimiento propuesto en este libro, en siete días el lector podrá hablar en público como un orador profesional, e incluso disfrutará haciéndolo.

Aprenda todos los
secretos del marketing

ERIC DAVIES Y
B. DAVIES *en una semana*

De una manera clara y concisa, este libro pone de manifiesto la ya ineludible necesidad de incorporar el marketing para analizar las tendencias del mercado y utilizarlo como elemento básico en la toma de decisiones. He aquí todos sus secretos.

Aprenda a negociar con éxito

PETER FLEMING *en una semana*

Este libro enseña a emplear en las negociaciones armas más útiles que la mera agresividad, tales como la persuasión, el don de la oportunidad, la creación de un ambiente adecuado y la interpretación del lenguaje corporal. El lector descubrirá que la negociación, además de una necesidad, puede ser un placer.

Aprenda a realizar entrevistas con éxito

MO SHAPIRO *en una semana*

La autora proporciona a los directivos de empresa una guía sobre cómo realizar entrevistas, que incluye un esquema general y sugerencias concretas para las distintas clases de entrevista.

Aprenda a motivarse
para triunfar

CHRISTINE HARVEY *en una semana*

La motivación es un factor clave para el éxito profesional y personal. Este libro ofrece una serie de sencillos consejos prácticos para vencer la pasividad y superar obstáculos muchas veces imaginarios.

Aprenda todas las
estrategias de venta

CHRISTINE HARVEY *en una semana*

Vender es una técnica altamente sistematizada donde la planificación del trabajo y el conocimiento exhaustivo del producto o servicio son fundamentales.

Mediante la aplicación concienzuda del método propuesto en este libro, el lector conseguirá a corto plazo una sustancial mejora de su rendimiento.